MENSAJES PARA CREYENTES NUEVOS

5

WATCHMAN NEE

CÓMO CONDUCIR LAS PERSONAS A CRISTO

Living Stream Ministry

Anaheim, California

Primera edición: febrero de 1998.

ISBN 0-7363-0128-3

Traducido del inglés
Título original: *Leading Men to Christ*
(Spanish Translation)

Publicado por

Living Stream Ministry
2431 W. La Palma Ave., Anaheim, CA 92801 U.S.A.
P. O. Box 2121, Anaheim, CA 92814 U.S.A.

Impreso en los Estados Unidos de América

03 04 05 / 9 8 7 6 5 4

COMO CONDUCIR LAS PERSONAS A CRISTO

Lectura bíblica: Ro. 1:16; 10:14; 1 Ti. 2:1, 4; Mr. 16:15

Ya vimos que una persona que cree en el Señor debe ser un testimonio para los demás. Esto es necesario para conducir las personas a Cristo. Hay varias cosas que debemos hacer y aprender para lograr esto, pero lo básico es acercarnos a Dios para interceder por el hombre, e ir al hombre de parte de Dios.

I. A DIOS EN NOMBRE DEL HOMBRE

A. La oración es la base para conducir las personas a Cristo

Para conducir las personas a Cristo es muy importante que antes de ir al hombre, acudamos primero a Dios. Algunos hermanos y hermanas son muy diligentes relacionándose con los incrédulos, pero no oran primero por ellos, y como resultado, esa labor no obtiene fruto. Debemos orar a fin de poder dar testimonio a los hombres.

El Señor Jesús dijo: "Todo lo que el Padre me da, vendrá a Mí; y al que a Mí viene, por ningún motivo le echaré fuera" (Jn. 6:37); y en Hechos 2:47 vemos que el Señor incorporaba cada día a la iglesia a los que iban siendo salvos. Debemos pedir por las personas, a fin de que Dios las dé al Señor Jesús y El las añada a la iglesia. Si queremos que los hombres sean salvos, necesitamos implorar a Dios por ellos. El corazón del hombre es muy complicado y con dificultad se torna al Señor; por eso necesitamos orar para que Dios ate al hombre fuerte (Lc. 11:21-22) y poder así acercarnos a las personas sin ningún estorbo. Para presentar a Cristo de una manera eficaz, necesitamos orar fervientemente delante del Señor por cada persona.

Aquellos que oran tienen facilidad para guiar los incrédulos a Cristo. Si no obtenemos respuesta a nuestras oraciones, tampoco podemos dar un testimonio adecuado. La oración es muy importante para conducir las personas a Cristo; por tanto, debemos aprender a orar de una manera práctica. Esto es muy importante.

B. Elaborar una lista

Cuando fuimos salvos, comprendimos que debíamos recompensar al agraviado y supimos quién era el afectado. El Señor nos hizo saber estas cosas trayendo a nuestra memoria asuntos concretos del pasado, lo cual hizo que restituyéramos por la ofensa. Un día nos acordamos de algo que hicimos y, como consecuencia de esta iluminación, comenzamos a resolver estos asuntos uno por uno. El mismo principio se aplica cuando conducimos las personas a Cristo. Permitamos que el Señor ponga nombres en nuestro corazón, porque cuando esto sucede, espontáneamente sentimos el deseo de orar por ellos. Debemos hacer una lista de las personas que el Señor ponga en nuestro corazón. Esta lista no debe hacerse al azar, sino que debe reflejar el deseo que el Señor ponga en nuestro ser de atender a quienes El desea salvar. Si no prestamos la debida atención a este asunto, estamos perdiendo el tiempo. El éxito depende de un buen comienzo. Debemos pedir que Dios nos traiga a la memoria nombres específicos de familiares, amigos, colegas, compañeros de estudio y personas que conozcamos. Si hacemos esto, veremos como los nombres de estas personas espontáneamente vienen a nuestro pensamiento haciendo que nos preocupemos por ellas y deseemos que sean salvas.

Podemos hacer esta lista con cuatro columnas. En la primera escribimos un número; en la segunda, la fecha; en la tercera, el nombre; y en la cuarta, la fecha en que la persona recibe la salvación. Esto hará que podamos recordar el número que le asignamos a cada persona, la fecha en que comenzamos a orar por ella y la fecha en que es salva. Si desafortunadamente la persona muere, podemos usar esa columna para escribir la fecha de su fallecimiento. Una vez que un nombre esté escrito en esta lista, debemos persistir en la oración sin desmayar hasta el día en que esta persona sea salva o muera. Conozco a un hermano que oró por su amigo por dieciocho años, hasta que éste fue salvo. A unos les llega la salvación en un año, a otros en dos o tres meses después que empezamos a orar. Ciertas personas parecen casos imposibles, pero con el tiempo se salvan. Debemos ser persistentes en la oración y no desmayar ni por un momento, hasta que estas personas se salven.

C. El pecado obstaculiza la oración

La oración nos prueba y deja al descubierto delante del Señor nuestra verdadera condición espiritual. Si ésta es apropiada y normal, los incrédulos serán salvos. A medida que intercedamos por ellos delante del Señor, veremos como al principio se salvan uno o dos, y con el tiempo otros más. Las personas deben ser salvas regularmente. Si el Señor, después que ha transcurrido un largo período, no contesta nuestras oraciones, es una indicación de que algo en nosotros no está bien. Así que debemos buscar la luz del Señor para que nos revele en dónde está el problema.

El pecado estorba nuestra oración. Debemos aprender a vivir una vida santa delante del Señor y rechazar todo aquello que sabemos que es pecado, porque si lo toleramos, o no le prestamos la debida atención,nuestras oraciones no serán oídas.

Uno de los aspectos del pecado obstruye la gracia de Dios y Sus promesas. Isaías 59:1-2 dice: "He aquí que no se ha acortado la mano de Jehová para salvar, ni se ha agravado su oído para oír; pero vuestras iniquidades han hecho división entre vosotros y vuestro Dios, y vuestros pecados han hecho ocultar de vosotros su rostro para no oí". Y en Salmos 66:18 dice: "Si en mi corazón hubiese yo mirado a la iniquidad, el Señor no me habría escuchado". Los pecados que no hemos confesado ni han sido limpiados por la sangre, son un gran obstáculo que no permiten que nuestras oraciones sean contestadas. Dios no escuchará nuestras oraciones si no resolvemos esto. Este es uno de los aspectos del pecado.

El otro aspecto del pecado daña la conciencia del hombre. Cuando una persona peca, no importa cuánto se justifique a sí misma, ni cuánto lea la Biblia, ni cuántas promesas cite de la Palabra, ni cuánta gracia y aceptación reciba de Dios, su conciencia continuará siendo débil y seguirá atada. Dice en 1 Timoteo 1:19: "Manteniendo la fe y una buena conciencia, desechando las cuales naufragaron en cuanto a la fe algunos". Un barco puede ser pequeño y viejo, pero no debe tener agujeros. De igual manera, nuestra conciencia no debe tener escapes, porque cuando se pierde la paz, no podemos orar. Los obstáculos no sólo están delante de Dios, sino dentro del hombre. La relación entre la fe y la conciencia es exactamente igual a la de un barco y su carga; o sea, la fe es como la carga y la conciencia como el barco. Cuando el barco tiene algún escape, la carga se daña. Si la conciencia es fuerte, la fe también lo es; pero si la conciencia tiene agujeros, la fe desaparece. Si nuestro corazón nos reprende, mayor que nuestro corazón es Dios y El sabe todas las cosas (1 Jn. 3:20).

Si deseamos ser personas de oración, debemos resolver el asunto del pecado. Hemos vivido en el pecado por mucho tiempo y si queremos ser liberados totalmente de él, debemos confrontarlo de una manera seria. Tenemos que acercarnos a Dios y confesar todo pecado poniéndolo bajo la sangre, rechazándolo y apartándonos del mismo. Una vez que la sangre nos limpia, la conciencia se restaura, la condenación desaparece y vemos el rostro de Dios. No demos oportunidad al pecado, porque esto nos debilita delante del Señor, y si estamos débiles, no podremos interceder por los demás. El pecado es el problema número uno que tenemos y debemos estar prevenidos constantemente para no caer en el mismo. Una vez que el problema del pecado se resuelva, veremos los resultados y podremos orar apropiadamente; así muchos serán conducidos al Señor.

D. Orar con fe

Es muy importante que oremos con fe. Cuando nuestra conciencia no tiene mancha alguna, es fácil que la fe sea fuerte, y por consiguiente nuestras oraciones sean contestadas.

¿Qué es la fe? Es creer en las promesas de Dios. El desea y nos pide que oremos, por eso dijo: "Mandadme ... acerca de la obra de mis manos" (Is. 45:11). Cuando oramos, Dios tiene que respondernos. El Señor Jesús dijo: "Llamad, y se os abrirá" (Mt. 7:7). El no puede negarse a abrir una vez que llamamos. También dijo: "Pedid, y se os dará; buscad, y hallaréis". Cuando pedimos, recibimos y si buscamos hallaremos. Si no creemos esto, ¿qué clase de Dios tenemos? Las promesas de Dios son fieles y fidedignas. La fe se basa en nuestro conocimiento de Dios; así que cuanto más lo conozcamos más fuerte será nuestra fe. Puesto que somos salvos y conocemos a Dios, no debemos ser incrédulos. Cuando creemos, Dios contesta nuestras oraciones. Aprendamos a ser personas llenas de fe desde el mismo comienzo de nuestra vida cristiana. No pongamos nuestra confianza en lo que sentimos o pensamos, sino en la palabra de Dios. Las promesas de Dios, como el dinero en efectivo, obtienen resultados. Ellas son Su obra, y ésta es la manifestación de aquéllas. De la misma forma en que aceptamos la obra de Dios, debemos aceptar Sus promesas, permaneciendo en la fe y creyendo Su palabra sin dudar nunca. Si hacemos esto, veremos que Sus palabras son verdaderas y encontraremos respuestas a nuestras oraciones.

E. Aspirar a ser una persona de oración

Necesitamos ambicionar ser personas de oración y que tienen poder delante de Dios ¿Qué significa tener poder delante de Dios? Es ser escuchado por El cuando uno habla. A Dios le agrada ser instado por una persona así. Sin embargo, hay algunos que no tienen poder delante de El y en quienes no se complace ni los escucha. Puede ser que éstos pasen mucho tiempo en la presencia de Dios, pero El simplemente no les presta atención. Debemos tener el deseo y la aspiración de recibir respuesta a nuestras oraciones. No hay bendición más grande que ésta. Debemos anhelar que cada petición nuestra sea grata a Sus oídos. Esto es lo más glorioso que pueda sucedernos. Es maravilloso que Dios confíe en nosotros hasta el grado de concedenos lo que pidamos.

Debemos presentar en oración los nombres de todos aquellos cuya salvación deseamos. Si Dios se demora en salvarlos, y si después de un largo período no recibimos respuesta a nuestra oración, esto indica que existe un problema entre nosotros y Dios que debemos resolver. Si deseamos que nuestras oraciones obtengan respuesta, tenemos que pasar por la disciplina. Si nuestras oraciones no son contestadas es porque existe una enfermedad. Si no tomamos con seriedad este asunto, fracasaremos.

Por esta razón necesitamos hacer una lista, porque ésta nos mostrará si nuestras oraciones han sido contestadas o no. Muchos no saben si sus oraciones son contestadas porque no guardan crónicas de nada. Los hermanos y hermanas recién convertidos deben hacer una lista de las personas que desean sean salvas, a fin de saber si sus oraciones son contestadas o no, y si existe algún problema entre el Señor y ellos. De esta manera, sabrán cuándo tienen que resolver el problema consigo mismas y cuándo con Dios.

Si después de orar por algún tiempo todavía no recibimos respuesta, es posible que algo esté estorbando la oración. Estos obstáculos generalmente son pecados que guardamos en nuestra conciencia, o falta de fe. Los nuevos creyentes no necesitan preocuparse por aspectos profundos de la oración. Lo más importante es prestar atención a nuestra conciencia y a nuestra fe. Tenemos que confesar y poner fin a nuestros pecados delante del Señor, confiando genuina y totalmente en las promesas de Dios. Si hacemos esto, veremos cómo las personas se salvan. Es así como se recibe respuesta a la oración.

F. Orar diariamente

Debemos orar por todos los que nos rodean. ¿Hay acaso alguien que no necesite oración? ¿Cuántos compañeros de trabajo tenemos? ¿Cuántos vecinos? ¿Cuántos familiares y amigos? Tenemos que pedirle al Señor que ponga en nuestro corazón a una o dos personas, porque cuando esto sucede, El tiene la intención de salvarlas por medio nuestro. Una vez que esto ocurra, escribamos sus nombres en nuestra lista y oremos por ellas constantemente.

Para efectuar este trabajo de intercesión necesitamos apartar un tiempo fijo y específico. Si decidimos orar por una hora, media hora o quince minutos diariamente, debemos cumplirlo. Si no establecemos un horario, nos será muy difícil orar. No tratemos de orar por dos horas o más porque posiblemente no podremos cumplirlo. Es más práctico apartar un tiempo corto. Formemos el hábito de orar por aquellos que necesitan nuestra oración. Si hacemos esto todos los días, veremos que los pecadores se salvan.

G. Algunos ejemplos de intercesión

Estudiemos algunos casos que nos muestran cómo algunos hermanos han efectuado esta obra.

1. Un calderero

Después que un obrero que trabajaba en la caldera de un barco fue salvo, le preguntó al hermano que lo guió a Cristo, qué debía hacer por el Señor. Este hermano le respondió que el Señor escogería a algunos de sus compañeros y los pondría en su corazón, y que cuando esto sucediera, orara por ellos. Aunque habían más de diez personas que trabajaban juntas en ese lugar, se sintió compelido a orar por una de ellas en particular. Cuando esta persona se enteró de que este hermano oraba por él diariamente, se molestó mucho. En cierta ocasión un evangelista predicó el evangelio, y después de escucharlo uno de los hombres que estaban allí, se puso de pie y dijo: "Quiero creer en Jesús". El evangelista le preguntó: "¿Por qué quiere creer en Jesús?" Y el hombre respondió: "Porque una persona ha estado orando por mí, así que tengo que creer en Jesús". El calderero había estado orando por este hombre. Aunque al principio estaba molesto, el poder de la oración venció y lo salvó.

2. Un joven de dieciséis años

Un joven de dieciséis años trabajaba como dibujante en una firma constructora. El ingeniero principal de esa compañía tenía muy mal genio y casi todo el mundo le temía. Cuando este joven fue salvo, comenzó a orar por él. Aunque le tenía miedo y no se atrevía a hablarle, diariamente oraba fervientemente por él. Después de un tiempo, el ingeniero observó que ese muchacho era diferente a los otros doscientos empleados de la compañía. Así que le pregunto: "¿A que se debe que eres distinto, no sólo a ellos, sino a mí?" El joven le respondió: "Es porque creo en el Señor Jesús y usted no". Al oír esto, el ingeniero dijo: "Yo también quiero creer en El". Este hombre tenía cuarenta o cincuenta años, pero vio un testimonio en este joven que lo condujo a creer en el Señor.

3. Dos hermanas

En Europa hay casas de huéspedes para extranjeros; no son hoteles, sino hospedajes para viajeros. Dos hermanas que eran cristianas tenían una casa de huéspedes en la cual hospedaban de veinte a treinta personas. Un día, perturbadas por la ropa ostentosa de los viajeros y la vanidad de sus conversaciones, las hermanas se propusieron ganarlos para Cristo. Sin embargo, les preocupaba no poder lograrlo porque los huéspedes eran muchos y ellas eran sólo dos. ¿Cómo ganarlos? Entonces se les ocurrió que la mejor manera era sentarse una a cada extremo del salón para orar por los huéspedes.

El primer día, después de la cena y mientras los huéspedes conversaban, cada hermana se sentó a un extremo del salón para orar. Una oraba por los que estaban en un extremo, y la otra por los que estaban en el otro. Oraron por todos y cada uno de ellos. Esto detuvo la conversación y los chistes de los huéspedes, quienes se preguntaban qué estaría sucediendo. Ese día una persona fue salva y al otro día, una señora; hasta que finalmente todos fueron guiados al Señor.

La oración de intercesión es vital e indispensable para conducir los incrédulos al Señor. Debemos orar sistemática y diariamente de una manera ordenada e incesante, hasta que nuestros amigos sean salvos.

II. IR AL HOMBRE DE PARTE DE DIOS

Solamente ir a Dios en nombre del hombre no es suficiente. También debemos ir al hombre de parte de Dios. Muchos tienen el valor de hablar con Dios, pero no con el hombre. Es importante que las personas sepan de nuestro Señor, pero para hacer esto necesitamos prestar atención a algunos asuntos.

A. Nunca debemos discutir

En primer lugar, no discutamos. Esto no quiere decir que

nunca debamos debatir. El libro de los Hechos nos relata algunas discusiones en las que Pablo estuvo envuelto (Hch. 17:2, 17-18; 18:4, 9). Sin embargo, las discusiones sin sentido no salvan a las personas. A veces es correcto discutir, pero esto se hace principalmente para el beneficio de los que escuchan. Evitemos discutir con los que estamos tratando de salvar, porque las discusiones, por lo general, alejan a las personas en lugar de atraerlas.

Muchos piensan que las discusiones pueden tocar el corazón de los hombres, pero en realidad lo que tocan es la mente. Podemos debatir y callar sus bocas, pero esto no les ganará el corazón. Las discusiones producen muy poco resultado, por eso es mejor evitarlas. Es preferible hablar de nuestro testimonio y contar lo que el Señor Jesús ha hecho en nuestra vida. Que sentimos paz y gozo, que podemos dormir bien y que aún las comidas tienen mejor sabor desde que creímos en El. Nadie puede argumentar ante tales hechos; al contrario, se maravillarán. Ellos tienen que ver y desear la paz y el gozo que nosotros disfrutamos y comprender lo pueden obtener al creer en el Señor Jesús.

B. Limitarnos a los hechos

A fin de conducir las personas al Señor es necesario hacer énfasis en los hechos, no en las doctrinas. Recordemos que la salvación no es el resultado de un entendimiento adecuado de las doctrinas. Muchos entienden las doctrinas, y sin embargo no creen. Tratar de conducir a otros a Cristo por medio de discusiones y doctrinas no produce resultados; es mejor limitarnos a los hechos. Esto explica por qué los que no tienen tanta educación académica muchas veces son más eficaces en conducir los incrédulos al Señor, que los que son versados en las doctrinas. Nuestros mensajes pueden ser maravillosos, pero de qué sirven si todo lo que ganamos es la mente de los oyentes, no su corazón.

Conocí a un anciano que pensaba que ir a la iglesia era un buen hábito. El no era salvo, pero iba a la iglesia todos los domingos y hacía que toda su familia fuera con él, pero tan pronto regresaba a casa se disgustaba y profería malas palabras. Toda la familia le temía. Un día, una hija, que era creyente, vino a visitarlo acompañada de la hija de ella. El anciano llevó a su nieta a la iglesia, y al salir, la pequeña miró a su abuelo y le pareció que él no tenía aspecto de ser cristiano, por lo que le preguntó: "Abuelo, ¿crees en el Señor Jesús?" El le respondió: "Los niños no deben hacer preguntas a los mayores". Después de dar unos cuantos pasos, la niña comentó: "Me parece que tú no crees en Jesús". Molesto ante esta observación el anciano le dijo: "Los niños deben mantener su boca cerrada". Pero ella insistió: "¿Por qué no crees en Jesús?" Esta niña vio un hecho. La manera en que su abuelo se comportaba era diferente de la de otros creyentes. Este anciano, que era obstinado y difícil de tratar, ante tales preguntas fue conmovido en su corazón y ese día aceptó al Señor.

La predicación del evangelio requiere cierta habilidad. Necesitamos saber cómo actúa Dios. Una persona puede predicar las doctrinas correctas y atraer millares de personas, pero es posible que esas mismas multitudes se retiren sin haber sido salvas. No se puede pescar con un anzuelo recto; es más eficaz usar uno curvo. Aquellos que conducen las personas al Señor, necesitan saber qué clase de anzuelo usar, hablando sólo las palabras que pueden atraer las personas a Cristo. Si nuestras palabras no surten ningún efecto, entonces necesitamos cambiar nuestro mensaje. Los hechos son palabras que cautivan y que pueden tocar a los demás.

C. Una actitud correcta

No ahondemos en muchas enseñanzas; es mejor limitarnos a hechos específicos. Y algo que debe acompañar a esto es una actitud correcta. Salvar el alma de una persona no es cosa trivial. Una vez conocí una persona que tenía la disposición de orar para conducir a otros al Señor, pero su actitud era incorrecta. Ella hablaba del Señor, pero al mismo tiempo bromeaba. El poder espiritual que posiblemente tenía, lo perdía por causa de sus bromas, y como consecuencia, nadie se salvaba. Nuestra actitud debe ser correcta, no frívola ni jocosa. Debemos mostrar que esto es muy serio.

D. Orar por una oportunidad

Debemos orar incesantemente para que Dios nos dé la oportunidad de hablar. Dios contesta este tipo de oración.

Cierta hermana reunía una vez por semana a un grupo de mujeres para estudiar la Biblia. Todas trabajaban en la misma compañía y ninguna creía en el Señor. La hermana observó que una de ellas era orgullosa y no prestaba atención a nada de lo que se decía, además de vestir sin pudor. Así que comenzó a orar para que el Señor le diera la oportunidad de hablar con ella. Un día sintió el deseo de invitarla a tomar el té, y puesto que a ésta le encantaba socializar, aceptó la invitación con agrado. Cuando llegó, la hermana la animó a creer en el Señor. Pero la respuesta de ella fue: "No puedo creer en Jesús porque me gustan los juegos de azar, me fascinan los placeres, y no quiero renunciar a esto. Lo siento". La hermana insistió: "Cree en el Señor Jesús y renuncia a los juegos de azar, y a toda la vanidad de este mundo". Para esta mujer el precio era demasiado elevado y pensaba que no podía pagarlo. La hermana le pidió que meditara en esto y regresara, y continuó orando por ella. Una vez en su casa, esta mujer se arrodilló a orar y decidió seguir al Señor Jesús. De repente hubo un cambio en ella que no podía explicar. Su corazón, su actitud y su manera de vestir cambiaron. En cuestión de un año, muchas de sus compañeras de trabajo fueron conducidas al Señor.

Posiblemente pensemos que es difícil hablarle del Señor a alguien, pero cuando oramos, El nos concede la oportunidad de hablar. Al principio, la hermana que tenía estudios bíblicos en su casa había sentido temor de hablar con la mujer, porque ésta era muy arrogante y creía saberlo todo. Pero el Señor le dio el deseo de orar por ella, de tal manera que puso a un lado sus temores y le habló. Por una parte necesitamos orar, y por otra, debemos hablar. Después de orar por una persona durante algún tiempo, el Señor nos dará el deseo de hablarle acerca de Su gracia y de lo que El ha hecho por nosotros. Ella no se resistirá, porque no podrá negar lo que el Señor ha hecho en nosotros. Los hermanos y hermanas que recién han sido salvos deben orar diariamente por la oportunidad de hablar a los demás. ¡Es una lástima que muchos que han sido salvos por varios años, no se atrevan a hablarle a sus familiares y amigos! Quizás por ese temor han perdido muchas oportunidades de conducir personas a Cristo.

E. Hablar a tiempo y fuera de tiempo

Dijimos anteriormente que debemos orar antes de hablarle a una persona. Sin embargo, esto no significa que si no hemos orado no podamos hablarle. Debemos predicar el evangelio a tiempo y fuera de tiempo, aprovechando toda oportunidad que se nos presente. Incluso, debemos hablarle del Señor a una persona que veamos por primera vez. Tenemos que estar siempre preparados para hablar. Aunque es importante orar por los nombres de los que están anotados en la lista, también debemos orar por los que no conocemos. Cuando oremos digamos: "Señor, por Tu amor y misericordia salva a los pecadores quienesquiera que sean. ¡Sálvalos, Señor!" Siempre que nos encontremos con alguien y sintamos en nuestro corazón un intenso deseo de hablarle, debemos hacerlo.

Si no prestamos atención a este sentir, dejaremos que un alma se nos escape. No debemos permitir que las almas se nos escapen de las manos. Esperamos que todos los hermanos y hermanas den fiel testimonio del Señor y conduzcan a muchos a Cristo.

F. Estudiar cuidadosamente

Cada vez que guiemos a una persona al Señor, tenemos que analizarla cuidadosamente, como un doctor que estudia minuciosamente el caso de cada uno de sus pacientes. Debido a las diferentes clases de enfermedades, un médico no puede recetar la misma medicina a todos sus pacientes. Lo mismo sucede cuando conducimos las personas a Cristo. Nadie puede ser doctor sin haber estudiado medicina. De la misma forma, nadie puede guiar hombres al Señor sin haber estudiado cada caso. Algunos hermanos son muy eficaces en su labor de salvar a los incrédulos porque los han estudiado primero.

Esto es algo que todo creyente debe practicar. Tenemos que estudiar por qué una persona determinada aceptó al Señor, qué hizo que se abriera y por qué otra persona no lo hizo; por qué alguien, después de escuchar atentamente por un momento, se rehusó a creer. Por qué una persona aceptó después de haberse negado. Por qué no hay peces aun después de haber esperado bastante tiempo. Siempre tenemos que encontrar la razón por la que el Espíritu actúa y también por qué no lo hace.

Si fracasamos en la tarea de conducir las personas a Cristo, no culpemos a nadie. Todo aquel que sabe conducir las personas al Señor, siempre busca el problema en sí mismo. No podemos quedarnos inertes a la orilla del mar esperando que los peces salten a la orilla. Salvar a los incrédulos no es sencillo, y requiere que dediquemos tiempo a estudiar y descubrir dónde están los problemas. Conducir las personas a Cristo es una habilidad y ésta se adquiere laborando. Es por medio de los éxitos y los fracasos que aprendemos. En cada situación necesitamos estudiar las razones detrás de los resultados.

Si hacemos esto de una manera consciente, aprenderemos muchas lecciones y, con el tiempo, descubriremos que en lo referente a creer en el Señor, hay toda clase de personas. Con unas uno tiene que hablar mucho para que crean en el Señor, y con otras, no es necesario decir mucho. Debemos aprender a relacionarnos con todo tipo de personas. De esta manera sabremos cómo tratar a aquellos que anotamos en nuestra lista, y a los que conocemos por casualidad. Tan pronto conozcamos a alguien, examinemos qué tipo de persona es y aprovechemos esa oportunidad para dar testimonio. En el curso de nuestra conversación nos daremos cuenta cómo es ella y qué debemos decir. Posiblemente ya sea salva, o quizá no. Si estudiamos cada caso, con el transcurso del tiempo adquiriremos la habilidad de ganar almas. Lograr esto requiere sabiduría. Por la misericordia de Dios, posiblemente podamos conducir al Señor docenas o quizás centenas de personas, pero si estudiamos cada caso con discernimiento, llegaremos a ser muy poderosos en el asunto de ganar almas.

APENDICE: REPARTIR LITERATURA

A. No nos limita el tiempo

Durante los últimos doscientos a trescientos años, el Señor ha usado folletos para salvar a muchas personas. Una de las características especiales de los folletos es que no están limitados por el tiempo. Nosotros estamos limitados no sólo por el tiempo, sino por las personas, ya que no podemos hablar las veinticuatro horas del día, ni hay nadie que esté dispuesto a escucharnos todo ese tiempo. Uno puede predicar un mensaje maravilloso en un lugar, pero no toda la audiencia está allí. En cambio los folletos pueden ir a todas partes y los podemos repartir en cualquier momento del día. Muchas personas no tienen tiempo de venir a las reuniones de la iglesia; pero los folletos pueden llegar hasta ellas. Podemos repartirlos a las personas en las calles, en las casas, en las oficinas o en los parques. Esta es la principal ventaja que presentan los folletos.

B. Los folletos
transmiten el evangelio íntegramente

Muchas personas son muy fervorosas dando testimonio del Señor y conduciendo las almas a Cristo, pero carecen del conocimiento apropiado, no saben expresarse, ni tienen la capacidad de comunicar el evangelio con propiedad. Los folletos pueden hacer esto. Los creyentes nuevos deben escoger la debida literatura a fin de repartirla en su tiempo libre. Esto los capacita para lograr lo que solos no podrían.

C. Los folletos
no son afectados por el elemento humano

Examinemos otra ventaja de los folletos. Cuando estamos frente a las personas y queremos predicar el evangelio, nos sentimos demasiado tímidos como para decirles algo que los sacuda. Los folletos no tienen este inconveniente, porque pueden llegar a cualquier persona y decir todo lo que deseen. El predicador está restringido por las circunstancias y el elemento humano, pero esto no se da con la literatura. Los creyentes deben aprender desde el principio a sembrar las semillas usando los folletos.

D. Repartir folletos
es una manera de sembrar

Otra ventaja de repartir folletos es poder sembrar por todas partes. El Antiguo Testamento nos dice que debemos sembrar nuestra semilla en muchas aguas (Nm. 24:7). Es increíble cuánto debemos esforzarnos para poder hablarle a tres, cinco o a diez personas; sin embargo, no sucede lo mismo si repartimos mil, dos mil o tres mil folletos o volantes al día. Si una persona se salva con uno de los mil folletos que repartimos, esto es maravilloso. Los recién convertidos deben aprender a repartir folletos en grandes cantidades.

E. Dios usa los folletos
para salvar a los hombres

Es indudable que los folletos son usados por Dios para salvar a los hombres. Algunas personas cuando reparten los folletos, los echan debajo de las puertas de las casas, o en los buzones de correo. Una vez alguien recibió un folleto en la calle y lo tiró sin leerlo. Otra persona que pasaba por allí, buscando algo que le sirviera de plantilla, porque tenía un clavo en el zapato que le molestaba, encontró el folleto y lo puso en el zapato. Ya en su casa, cuando se disponía a reparar el zapato que le molestaba, vio el folleto y comenzó a leerlo, y como resultado fue salva. Hay muchos casos similares de personas que han sido salvas por medio de folletos y muchos de estos casos son verdaderamente maravillosos.

F. Oración y dedicación

El creyente nuevo siempre debe tener folletos en sus bolsillos listos para repartirlos en sus momentos libres. De igual manera que conducimos las personas a Cristo, se necesita mucha oración y dedicación para repartir volantes. Al repartirlos, podemos hablar brevemente o permanecer callados. Debemos actuar según el caso lo exija. Si el creyente pone en práctica lo que hemos dicho en este mensaje, recibirá un gran beneficio.